고향의 그림자

고향의 그림자

초판 1쇄 발행 2023년 8월 14일

지은이 이원문

펴낸이 임병천
펴낸곳 책나무출판사
출판신고 2004년 4월 22일 (제318-00034)

주소 서울시 영등포구 신길3동 325-70 3F
전화 02-338-1228 **팩스** 0505-866-8254
홈페이지 www.booktree.info

ISBN 978-89-6339-706-1 03810

고향의 그림자

이원문 시집

책나무출판사

목차

1부

2부

3부

4부

• 1부 •

봄 하늘

엊그제 봄맞이 산 넘어가고
꽃바람 불어와 뜨락에 머문다
민들레 제비꽃 앞산 자락 진달래
띠 두른 울 밑마다 노란 개나리
먼 산 기슭 흰 점박이 하얀 벚꽃인가
하늘에 꽃구름 들녘 멀리 멀어진다

냇가의 아이들 저 하늘 보았는지
버드나무 춤추는 하늘 아래 우리 동네
복숭아 그 살구꽃 언제 피려나
개나리 진달래 벚꽃 잎 떨어지는 날
꽃바람 다시 불어 그 때나 피어날까
복숭아 살구나무 꽃바람 기다린다

영농 일기

그때를 아십니까
그 시절을 아십니까
진달래꽃 질 무렵이면
그 시려운 아픔을

고무장갑 고무장화
플라스틱 비닐 없던 시절
맨발 맨손에 들녘에 나가면
논두렁에 쥐구멍 둑 내려앉아

시려운 발 담그며
맨손으로 흙 만지고
뼈속까지 시려워도
참아야 했던 그날을

뒷동산의 봄

할미꽃의 어머니
처음보다 멀어진 정
더 가늘지 않겠지요
여기에 오던 어머니
그해가 몇 해인가
어머니 가슴에 묻힌 동생
아직 잘 있는지요

할미꽃의 어머니
그때보다 이 진달래
더 예쁘게 피었어요
집 울뒤 노란 개나리
모두 없어졌고요
세월이 가면 이런건가요
나 잃지 않겠지요

타향의 봄

하늘은 같은 하늘인데
무엇이든 다 이렇게 다를까
나뒹구는 돌멩이 하나
때 묻은 옛 것이 아니다
갓 쪼개어진 돌로 날카롭기도 하고
그나마 다듬어져 검게 끄을렀다
딛는 길도 흙 안 묻어 좋기는한데
흙 내음 못 맡으니 그것도 그렇고
다듬어진 개나리가 늘어진 것만이나 할까
고향 울 밑 늘어진 그 개나리꽃
개나리꽃 색깔도 고향 꽃만 못하다
미루나무 위 까치집이 제일 높았던 고향
그 보다 더 높은 건물이 하늘을 가리고
넓다 하는 길바닥에 사람보다 자동차가 더 많은 세상
오고 가는 길목도 차칫 잘못 어깨가 부딪친다
바쁜 걸음 바쁜 사람들
무엇을 하느라 저리 바쁘고
전화기통 들고 무슨 말을 주고 받는지
혼자서 웃고 굳은 표정에 걷는다
싸늘이 차갑고 말 한마디 붙일 곳 없는 타향

보는 것도 위 아래로 겉과 속이 다르다
괘춤에 법의 잣대 누구에게 들이댈까
거짓까지 섞어가며 법의 잣대 들이대고
안 보면 그만 이웃도 모른다
서로보며 인사 하는 내 고향 작은 인심
윗 어른 아랫 사람 모시고 아끼고
멀리 있어도 불러서 나누는 이웃의 고향
물 맑은 시냇가 산자락에 진달래
버들피리 꺾어 부는 고향 아이들인가
보리밭 위 종달이 그 보리내음 어찌 잊을까
타향살이에 고향 소식 그 세월에게 묻는다

봄 저녁

누가 나를 기다릴까
중천에 기울던 해
뻘겋게 서산 넘고
삽 씻는 언저리
하루살이 춤춘다

주인 어른 기다릴까
이 개울 건너가면
나 사는 집 사랑채
머슴의 한평생
둘러멘 삽 저문다

봄바람언덕

무엇을 얻으려 저리 불어대나
한 차례지나면 또 한 차례 불어오고
다시 불어와 꽃잎을 날린다
쑥 뜯는 아이 칡 케는 아이들
뜯은 쑥 바구니 굴러 떨어지고
엎지른 쑥 담는 아이 바람에 눈물난다
더러는 무릇도 담겨 있것만
심술궂은 모진 바람 그렇게 불어야 했는지
바람 쓸쓸히 허기 불러 멎지 않고
칡 케던 아이들 송기 벗겨 먹는다

고향 담장

그 옛날 쌓았던 돌
여기저기 나뒹굴고
그 자리 지키느라
대추나무 내려본다

한 곳에 돋아난 쑥
옆자리에 노란 민들레
아직 그날을 기억 하는지
끄을린 구들돌 반쯤 묻히고

남아 있는 무너진 담 밑
쟁기 가래 농기구 널려 있다
그렇게 살아야 했던 날
없어진 개복숭아 나무 알고 떠난는지

세월이 뭉긴 돌틈마다 검푸른 니끼때
구들에 까만 끄림은 어찌 못 벗겼나
엎어진채 깨어진 사발 그 사발인 듯
그날 처럼 그렇게 고봉밥 올리라 한다

과수원집

아련한 그 옛날
복숭아 과수원집
나 건너온 징검다리
누가 건너 다녔는지

소꿉놀이의 단발머리
그 아이가 아닐까
복숭아 하얀 배꽃
징검다리 건너온다

봄 산

먼 산 멀리 흰 구름 흐르고
기슭 마다 흰 점박이 하얀 벚꽃 수놓는다

낮으막히 오르는 산 엊그제의 진달래
이리 쉽게 지는 것이 그 설한의 꿈이었나

먼 산 바라보는 마음 구름 따라 흐르고
봄 내음 가득 보이는 들 한눈에 들어온다

거울의 봄

나는 누구일까
거울도 모르고
비춰진 내 마음
나 자신도 모른다

모습을 보는 나
욕심으로 비췄나
표정을 바꿔도
나는 내가 아니다

올리고 내린 머리
감은 눈에 비춰볼까
더욱더 못 찾아
나는 나를 잃는다

봄 저녁

인생을 읽는 저녁
시린 바람 불어오고
산 그림자의 보리밭
쓸쓸히 나부낀다

샛참에 점심 햇살
흙 묻힌 발 따뜻한데
이제 저무는 저녁
발 담근 물 차가운가

넘는 해 뻘거니
서산에 걸치고
허기에 늦었으니
집에 가야 하는 시간

봇물에 씻는 삽
젖은 손 시렵고
걷어 올린 바지 깃
저녁바람 스며든다

인생 그림자

누구도 볼 수 없는 나만의 그림자
멀리보면 가깝고
가까우면 더 멀고
철 따라 길고 짧은
혼자만의 그림자
누가 나의 그림자를 지울 수 있을까
지는 해도 못 지우는 인생 그림자
밤이면 더 가까이 다가 오는지

고향 앞냇가에 춤추는 버드나무
철 따라 피는 꽃 뻐꾹새 뜸북새
울고 웃던 날에 못 잊을 얼굴들
꽃상여의 어머니를 어찌 잊을까
별 처럼 　아지는 크고 작은 기억들
타향이 몇이어도 돌아갈 수 없는 것인지
다시 찾아 밟는다면 어느 곳을 찾을까
혼자만의 그림자 노을에 젖는다

옹달샘

그 산 기슭 오르며
마시던 옹달샘
다녀간 이 누구일까
찾는 이 없다

혼자만이 맡아놓고
계절 따라 마신 샘
여름날 가물어도
겨울날 추워도

가랑잎 건져내고
엎드려 마신 샘
산나물 뜯으며
목말라 마시고

나뭇짐 내려놓고
쉴 참에도 찾았다
바위 아래 그 옹달샘
아직 나를 기다리지 않을까

파도의 봄

불러보는 옛 이름
잊어야 할 그날인가
파도에 묻힌 모습
하얗게 부서지고

바위 위 갈매기
쓸쓸히 울어댄다
눈 마주치면 어쩌나
돌아 앉는 갈매기

그 아름다웠던 날에
그날도 그랬을까
밀려오는 그리움
파도 따라 들어온다

하얀 라일락

지나는 길 하얀 꽃
누구의 집일까
담 넘어온 라일락
가지 휘어내려 앉고

작년 이맘때
그때 처럼 올려보면
향기에 멈춘 나
누가 나를 숨어본다

평창의 하늘

우리는 하나
하나가 돼야 한다
그 하나의 통일
하나가 돼야 한다
돌아보는 역사에 뼈아픈 기억들
우리 지금 나뉘어 무엇 하고 있나
오고 갈 수 없는 민족 우리는 하나
흐르는 한 핏줄 무엇이 막았나
흘리고 흘린 눈물 우리는 하나
평창에서 먼저 보고 평양에서 보았다
추워도 뜨거운 몸 잡은 손도 뜨거우니
그 순간 우리는 하나가 되었지 않나
이다음에 만나자 약속으로 놓은 손
그 손 다시 잡는 날 하나가 돼야 한다
여기 평창 꽃 피면 평양에도 꽃 피겠지
우리는 하나 하나가 돼야 한다

고향 산

외로우면 먼 산 바라보고
힘들고 괴로워 뒷동산에 올랐다
들리는 새소리에 지나칠 수 없는 마음
뜯은 풀잎 입에 무니 그 맛이 인생인가
맛 잃은 한 가닥의 풀 내 입도 모르고
둘러보는 산 귀퉁이 나의 집이 보인다
놀던 냇가 춤 띄우는 늘어진 버드나무
산자락 저 멀리 나부끼는 보리밭일까
발 아래 찔레꽃 그날도 모른다
모내기에 바쁜 일손
나 여기에서 무엇 하나
여름 아닌 봄 끝자락 뻐꾹새 우는 산
아카시아꽃에 섞인 먼 훗날의 꿈인가
그 아카시아꽃 날리는 날 꽃과 함께 날렸다

생(生)

무엇이
있고 없고
잘나고
못났을까

사람이
지어낸 말
거기서
끝인 것을

사랑의 그날

잊어야 하나
잊어야 할까
그리움도 아니고
기다림도 아니다

그저 흘러간
부서진 그날
무엇을 그리는지
허공에 그려보고

그 작은 행복
설레인 미련
더 멀리 멀어질까
옛 노을에 얹는다

송화의 기억

깊어가는 인생 가르침
이맘때면 송화에서
무엇을 더 얼마나 배울까
보리 패기는 아직 먼 봄

송이 훑어 짜보니
끈끈한 즙 묻어나고
입에 넣은 떫은 이 맛
그 봄날의 교훈인가

마음 울컥 아픈 상처
보릿고개 넘는 마음
송홧가루 날리는 날
함께 모아 날리련다

• 2부 •

이맘때의 봄

하늘 그대로 그 구름 흐르고
움 펴진 나뭇잎새 파란 하늘 바라본다
나물 켄다 꽃 핀다 그 시간이 언제였나
순서대로 피던 꽃 슬며시 지워지고

남은 찔레꽃에 아카시아꽃
송홧 가루 날리면 이 봄도 저무는가
하루가 다르게 푸르름이 덮어가고
보릿고개의 그 시절 논길 따라 소 몰고 들어온다

어머니의 산기슭

우리 엄마는

산나물 뜯어 팔아 가방 공책 사주고
눈쌓인 겨울이면 솔까레 긁어 이고
아궁이 불 두드리며 우리들 밥 해 먹였다

추워도 더워도 산에 오르는 우리 엄마
산나물 마중가면 잔대 더덕 껍질 벗겨 먹이고
솔까레 마중가면 이 시린 손을 불어 주었다

엄마의 찔레꽃 그 찔레꽃 우리 엄마 기억하고 있을까
우리들은 뱀 나온다 돌 던져 부수고
엄마는 그 찔레꽃 가슴에 담았다

민족의 4.27

우리 만나면
이렇게 좋은 것을
내려오고 올라가고
맞잡은 손 뜨거웠다

얼싸안은 우리 핏줄
녹아내린 육십오 년
하나 되는 그 순간
남북의 눈 뜨거웠다

이슬

세상은 아니더라
다 아니더라
무엇이 내 것이고
네 것이더냐

욕심은 지켜본
시간의 것이고
그 욕심에 채운 것은
세월의 것이더라

오동나무 집

이름하여 오동나무 집
이렇게까지는 아니었는데
너의 그 빠른 세월에도
어떻게 곁가지 내밀어
때를 찾을 수 있었는지
커다란히 네 삭는 고목에
보라색 너의 꽃 아름답구나

그 향기 풍겨도
부끄럽지 않은 너
무엇으로 그 향기를 숨겨놓을 수 있었을까
그 향기 또한 때 맞춤에 내놓을 수 있었고
너와 함께 늙은 세월 여기 지나는 길
네 향기에 취해 하늘 바라보는 척
멈춰진 이 발걸음이 부끄럽구나

아내의 오월

봄 맞이 처음의 꽃은
처녀 적 꽃이고
이 오월에 피는 꽃은
아줌마 된 꽃이다

나물 바구니에 호미 들고
들녘으로 뛰던 날
그 나물 바구니 내려놓으면
이렇게 되는 줄 누가 알았나

긴 치마에 꾸러미 봉지
끌리는 소리에 맨발의 쓰레빠
다듬고 다듬어도 안 되는 몸
졸라매고 웃었더니
미소 아닌 눈웃음 친다 한다

수줍어 하고 부끄럼 탄다는 말
누가 듣는 이야기인가
보내서 왔는지
붙들어 붙잡혔는지

푸르른 오월의 꽃
보는 꽃마다 비웃고
비웃어 다시보면
그 꽃이 울린다

송홧가루 언덕

부족함이 가르치는
노란 하늘의 흰 구름
멀리 산 허리에 송홧가루 날린다

인생을 배우던 날
그 노란 하늘 송홧가루
송홧가루가 노라면 하늘도 노라야 하나

패는 보리 눌러보면
여물기에 아직 먼 날
송홧가루 쓸쓸히 고인물에 띠 두른다

오월의 그리움

파란 하늘 멀리 흰 구름 들어오고
봇물에 어린 조각 구름 뒷산 넘는다
나부끼는 보리밭 날리는 송홧가루
누구의 눈물이 저 송홧가루에 섞일까
해 기우는 저문 저녁 송홧가루 걸어낸다

고향의 오월

날리는 아카시아꽃
한쪽 산기슭 뻐꾹새 울고
바쁜 일손 쉴 참에
누렁이 소 송아지 찾는다

여기저기 피는 들꽃
푸른 앞산 갈참나무
아이들 냇둑 따라
무엇을 찾아대나

이웃 어른 손 저으며
참 나누자 부르는 소리
등에 업혀 우는 막내
배고프다 칭얼댄다

뻐꾹새의 슬픔

그 작년 뻐꾹새
작년에 찾았는데
저 뽕밭 자락 뻐꾹새
그 뻐꾸기가 아닌지

해마다 이맘때면
꼭 찾아 우는 뻐꾸기
외로운 마음 흔드는 듯
어느 세월에 젖어들까

점심 무렵 먼 메아리
뽕 보따리에 실리고
저녁이면 늦는다
더 가까이 울어댄다

봄이 온다

눈 오고 추운 날
우리끼리 만났고
꽃 피는 봄날에
또 만나자 약속 했다
만남의 그 순간
녹아내린 65년
이제 녹아야 할
남은 것이 무엇인가
삼팔선 저 먼 곳
약속으로 가깝고
하늘로 땅으로
바닷길 열린다
우리끼리 남과 북
뜨거운 민족의 피
철길 따라 올라가면
우리의 땅 내 땅 되고
그 철길 따라 내려 오면
우리의 땅 네 땅이 되지 않나
우리끼리 잡는 고기
누가와 텃세 할 것인가

너와 나 만선의 꿈
통일 등댓불이 밝히겠지
함께 하는 일터에
서로 마주 웃는 얼굴
철새 따라 오는 봄날
한라산 구경 오면
그 다음 봄 우리는
백두산 구경 가고
내려오며 올라 가는
서로의 보따리
보따리 속 그 통일
누가 먼저 풀어 볼까
정 가득 우리끼리
통일이여오라
남과 북 구름 처럼
통일이여오라

치마폭

늙는 나 일 년이 짧고
하루의 어머니
한 시간이 짧다
짧아도 긴긴밤
벗기고 씻겨라
그리고 냉수달라

바느질 가위 찾아
손톱 깎아 드리니
쪼개져 부서지고
살에 붙어 떼려 하니
안 잡히는 손톱 조각
주름살만 잡힌다

뒤 못가리는 어머니
긴 병에 효자 없다
누가 했던 말인가
욕창에 못 가린 뒤
자식 눈치 살펴보다
없는 힘 모아 이불 끌어 덮는다

머릿이

빈 젖 물며 우는 동생
왜 우는 줄 아는 엄마
보리밥물 거둬놓고
감춰놓은 흑설탕 찾아
여기저기 뒤져본다

그 다음 참빗으로
싫다 하는 나의 머리 빗어 내리면
검뭇검뭇 참깨만한 검은 참깨일까
머리카락 뒤적뒤적 찾아 고르고
방안에 가위 찾아 머리 길다 잘랐다

등잔불 밑 바느질 이불바느질
바가지로 쌀 항아리 긁는 소리
부엌 찬장 쥐 설거지 하는 소리
보릿고개 넘어간 어머니의 하얀 세월
고생 아닌 희생으로 우리들 바라본다

꽃 이름

철 따라 피는 많은 꽃들
이 많은 꽃 이름을 어떻게 다 알까
나무의 꽃 이름은 그런대로 알겠는데
베어버린 풀숲의 꽃 이름 모두 추억에게 묻는다

그저 몇 가지 아는 이름으로 보아온 꽃들
꽃은 무관심 했던 나를 기억 할 수 있는지
다니는 곳마다 그 시절에 보던 꽃들
꽃에게 부끄러운 마음 어떻게 할까

들었어도 잃어버린 무관심 했던 꽃들
그 이름이 저 꽃이었나
이 꽃 이름이 그 이름이었나
꽃들은 그래도 잊지 않은 듯 피어난다

구름의 오월

고요의 이 산장
누가 나를 부를까
가녀린 새소리
이 마음 찾는 듯
오르는 길가의 꽃
물소리 듣는다

날리는 아카시아꽃
들리는 뻐꾹새 울음
여기 이곳 닫은 마음
뒤 돌아 보아야 하나
이 산장 운명의 길
구름 위에 얹는다

아카시아의 노을

한 줌 훑은 아카시아꽃은
나의 허기 것이었고
그 보리밭 둑 찔레꽃은
우리 엄마의 꽃이었다

구름을 볼 줄 모르는 나
엄마의 마음을 어떻게 헤아릴까
흐르는 구름 외갓집 쪽 산 넘고
메아리에 뻐꾹새 울음
엄마의 눈길 빼앗는다

어제는 저쪽에서
오늘은 이곳에서
소쩍새의 밤 내일은
어느 곳에서 울어댈까

불어오는 저녁바람
보리 이삭 눕히고
해 기우는 저녁이어도
뻐꾹새 울음 멎을 줄 모른다

찔레꽃 언덕

재너머 가는 길
하얀 찔레꽃
우리 엄마 울며 보던
운명의 찔레꽃

장에 갔다 언제 오나
기다리는 찔레꽃
오늘도 그 하얀 꽃
우리 엄마 기다린다

뻐꾹새의 석양

힘들어 쉬어가고
외로워 찾던 언덕
송홧가루 뿌연히
몇 날 며칠 뿌였었나
꺾어 쥔 소나무가지
입에 훑어 넣으면
달착지근 송기 입맛
떫기도 했었고
송홧가루는 침이 말랐다
몇 번 오른 이 언덕
어느새 아카시아꽃인가
주렁주렁 아카시아꽃
보리 이삭 물들이고
산자락에 들리는 뻐꾹새 울음
뻐꾹새 날 저무니
마음 굳혀 떠나라 한다

오월의 그날

잊은 날도 있었고
잃은 날도 있었다
흘러간 세월에
돌아보는 그날들
차등 차별 교문 안은
두고두고 잊어야 했고
교문 밖 모두는 그 시간에 묻어야 했다

잊었어도 떠 오르고
잃었어도 찾아온 그날
오월은 그렇게 인생을 가르쳐야 했는지
교육이 아니라 교훈이었고
교육은 등잔불 밑 끄으름이 가르쳤다
들리는 새소리 피는 꽃의 오월
메아리에 그 뻐꾹새 울음 다시 듣는다

• 3부 •

상여 춤

가장 서럽다는 오월 상여
오월 상여에 누가 오를까
피는 꽃에 새소리 건너는 개울 물 맑다
세상 두고 가는 길 보릿고개도 넘었고
이제 아주 떠나는 길 뒷산 고개도 넘었다
다시 못올 북만산천 이 세상 두고 가야 하나
고인의 푸념을 선소리꾼이 대신 하니
춤 띄우는 상여에 자손의 눈물 실린다

어허 ~ 어~ 허 ~ ~ (선소리꾼)
어거리어차 어~ 허 ~ ~ (상여꾼)

간다 간다 나는 간다
북만산천 나는 간다

어허~ ~ 어허 ~야 ~(상여꾼) ~ ~ ~연속 후렴
어거리어차 어 ~허 ~ 어 ~(상여꾼) ~ ~ ~연속 후렴

저승 길이 멀다더니
대문 밖이 저승일세

상여꾼 ~ ~ ~ ~

한 번 가면움이나나
봄이 오니 싹이나나

상여꾼 ~ ~ ~ ~

이제 가면 언제 오나
한 번 가면 그만인데

상여꾼 ~ ~ ~ ~

자손 나니 쓸데 없다
대신 해서 누가 가나

상여꾼 ~ ~ ~ ~

쓴것 먹고 단것 네 것
이제 에미 냄새 난다

상여꾼 ~ ~ ~ ~

어떤 놈이 날 살리랴
자식 놈들 쓸데 있나

상여꾼 ~ ~ ~ ~

일가 친척도 소용 없고
친구 은인도 소용 없네

상여꾼 ~ ~ ~ ~

사자님아 못 갑니다
무서워서 못 갑니다

상여꾼 ~ ~ ~ ~

명사 십리 해당화야
꽃 진다 서러워 마라

상여꾼 ~ ~ ~ ~

명년 삼월 돌아오면
너는 다시 꽃 핀단다

상여꾼 ~ ~ ~ ~

딸아 딸아 막내 딸아
이 상여 이제 놓아주렴

상여꾼 ~ ~ ~ ~

이렇게 떠나는 오월 상여
고인이 하고 싶은 말 얼마나 많았을까요

장미의 담

늘 지나는 이 담장 길
삶을 위해 오고 가는
나의 담장 길이었지
나즈막히 허름한 담
사계절을 읽는 담

두서너포기 장미 넝쿨
허름하니 잎 지니
가뭄 사정 모르는 나
관심 없이 다닌 길이었지
메꽃이 더 예쁜 담

비 맞으니 퍼렇게
꽃봉오리 맺히고
빨갛게 트이는 듯
한 송이 핀 장미꽃
메꽃 멀리 장미꽃에 눈길이 간다

뻐꾹새의 슬픔

어제의 슬픔
구름 따라 흐르고
먼 산 기슭 뻐꾹새
더 가까이 울어댄다

이 산등성이의 슬픔이
보릿고개만 있었겠나
넘어야 할 또 한 고개
보이는 듯 가까워지니

뜯어 문 이 억새잎 맛
이 맛이 그 맛인가
날리는 아카시아꽃
시들어 못 훑는다

그 산길

오르는 길
하늘 높이 구름 흐르고
길가의 들꽃
저마다 예쁘다

숲속 깊이 꾀꼬리
먼 산 기슭 뻐꾹새
멋 없는 꿩 울음
저 꿩은 왜 저리 우는지

이쪽의 그 보리밭
아카시아꽃 날리고
늘 그 한루의 뽕나무
허연 오디 물들인다

들꽃 사랑

모습이 흐렸지만
그날도 있었다

우리 아름다운날에
다녔던 곳 찾았고

옛날이 되어버린
그 먼 훗날의 오늘

처음은 그 약속의 날
오늘을 기억하는지

약속의 바위

앞 냇가 바위 찾아
너와 내가 놀던 곳

봇물에 돌 던지며
우리 둘이 놀던 곳

누구 놀이 많이 이나
던지고 또 던진 돌

아득한 그 먼 옛날
노을빛에 물든다

산사(山寺)

법당 뜨락 먼 산 구름
어디로 흘러가나
뒷산 기슭 물소리
변함 없구나

풍경에 담은 천년
저 구름에 얹어질까
모이는 새 하나 둘
그 천년 바라본다

편지의 오월

그리움에 모습이 흩어진 오월
누구의 모습을 어떻게 찾을까
모두가 아득히 옛날로 가버린 날
잊은 것도 아니고 잃어야 할 것도 아니다
그저 가난이 무시 당한 것 뿐인데
미움은 그렇게 그날들을 흐트러 놓아야 했는지
서러움에 마음 굳혀 모두를 고향 흙에 묻어 놓고
마지막 발 딛어 산등성이 넘어 오던 날
서산 언저리에 넘는 해를 몇 번 바라보았나
나에게 어디 가느냐며 무엇을 물어 보았고
뒤 돌아보면 어두운 산등성이
내려오는 길 저물녘의 굳힌 마음인가
서늘하니 저녁바람 여미는 옷 풀어지고
개울 건너느라 걷어 올린 바지 내리니
서산에 붉은 노을 어서 가자 한다
두고온 고향의 꽃 그 뻐꾹새 소리
고향에서 타향으로 고향이 몇 곳인가
흩어진 이름 모습 나 놀던 곳 뒷동산
다 모아 접어 고향 하늘에 날린다

유혹

꽃은 향이 있어
벌 나비가 날아들고

사람은 그 꽃처럼
예뻐서 모여든다

오디의 꿈

떠나야 하는 봄
오월이 저무는가
슬며시 꽃 지우니
여름꽃 기다린다

그래도 아직은 봄
서늘하니 바람불고
아카시아꽃 끝으로
뒷산 밤꽃 늘어진다

초여름 앵두 오디
밤꽃 피면 붉어질까
조바심의 그 봄처럼
오디의 꿈 깊어간다

고향의 놀이터

나 자란 고향에는
먹을 것이 많다
뒷산 오르는 길
뱀딸기 산딸기

개울 거슬러 오르면
삐레기 찔레순
뽕나무 높이 검은 오디
울 밑 앵두 뒷산에 벚

길가에 가지 오이밭은
누구네 것이었나
여름날 참외 수박
그 유혹 못 이기고

가을이면 앞산 가얌
우물둥치의 빨간 연시
뒷산 단풍에 도토리 밤
이 모두에 주머니가 틈어진다

뻐꾹새 울던 날

고요의 적막 이 산과 들
흐르는 구름에서 세월을 배웠고

해 기울어 그림자 비켜서니
그림자에서 시간을 배웠다

멀고 가까운 메아리에 뻐꾹새 울음
뻐꾹새 울음에서 눈물을 배웠고

뜯어 쥔 풀잎에서 부족함을 배웠다
저 파란 들이 가을이면 무엇을 가르칠까

바람 한 차례에 씻는 마음
나오는 한숨에서 내일을 배웠다

소라의 파도

쓸쓸히 찾은 바다
외로우면 늘 이곳을 찾았다
누가 있나 둘러보면 아무도 없었고

몇 번을 찾았는지
멀리 저 먼 섬은 알고 있는지
부딪친 파도 처럼 하얗게 부서진 날

처음 같이 찾은 곳
누가 나를 바라보지 않을까
뒤돌아보는 마음 발자욱 멀어지고

그날이 오늘이면
나 여기에 더 있어야 하는지
갈매기 두리번 눈 마주쳐 날아간다

친구의 술잔

너와 내가
마주 보면
무엇이 들어 있나

몸 안에 밥 세끼니
눈 안 그 귀에
욕심 밖에 더 있겠나

웃어도 울어도
버려야 할 욕심
그 욕심 채워도 빼앗길 것을

작은 산골

앞 뒷산 하늘 높이
흰 구름 흐르고
건너는 징검다리
버드나무 춤 띄웠던 곳

한때는 나 자란 깊다 하는 산골인데
둘러보면 송전 탑에 높은 산만 보이고
남은 흔적으로는 향교 충신의 묘
벼슬아치의 비각만 깎인 글씨로 남아있다

그래도 지켜온 오백 년 된 큰 고목
구렁이 전설에 얼마나 무서웠나
무섭다는 상여 집 그 무당 집
지금도 그 흔적에 섬짓 무섭다

잃어버린 철새 울음 달밤에 개구리
앞 개울 넘나들던 우리의 논과 밭
철 따라 피는 꽃 쟁기 나물바구니
송사리 떼 다슬기 모두 잃었다

해당화

바위섬 저 멀리 갈매기 들어오고
옛날 아닌 그 먼 훗날
파도에 휩쓸린다

나 여기 이곳 무엇 찾아 왔나
부딪쳐 부서진 밀려온 파도처럼
이 마음 부딪쳐 하얗게 부서지고

지난 날 주워 모은 소라 조개 껍데기
먼 옛날이 고이고이 이 자리에 숨겼나
나 여기 이곳 무엇 찾아 왔나

파도의 노을

찾은 바다 한가로이
갈매기 나르고
보이는 섬 하나 둘
볼수록 멀어진다

한발 딛어 또한 발
나 어디쯤 가야 하나
여민 옷깃 내리니
파도소리 스며들고

홀로 걷는 이 백사장
누구와 함께 할까
바라보면 아직 먼 곳
돌아본 섬 노을 진다

밤골처녀

우물둥치 빨간 앵두
두레박에 담고
뽕나무의 검은 오디
뽕자루에 담는다

뽕밭 길 밤꽃 향기
어느 곳에 담을까
그윽한 밤꽃 향기
그 하얀 날에 담는다

뜸북새

빼꾸기가 부르는
뜸북새의 고향
부르는 뜸북새
어디쯤 오고 있나

적막의 다랑이논
뜸북이의 고향
먼저 떠난 빼꾹새
어디쯤 가고 있나

고향 그림자

문간 그림자 비켜서니
점심 나절 기울고
앞산 자락 긴 그림자
저녁바람 몰고 온다

유월의 문간 바람
살짝 불어 스쳐도
텃밭 저 옥수수 잎은
저리 흔들려야 하는지

서산 넘는 저녁 해
오늘 흔적 지우고
들어온 들녘의 식구
저녁 밥상 기다린다

• 4부 •

유월 마음

여름의 문턱 초여름
밤꽃 향기 내려앉고
뒷문 밖 옥수수
무럭무럭 자란다

뽕나무 찾는 아이들
우물둥치의 빨간 앵두
이 빨간 앵두는 누구의 것이며
뽕밭 차지에 누가 먼저 뛰어갈까

뽕밭 가는 다랑이 논
뜸북새 울고
그 밭 기슭 뻐꾹새
아이들 부른다

노을의 바다

나 자란 섬 내 고향
하늘 끝닿아있고
옛 그 섬 멀리
고깃배 지나간다

어릴 적 바라보면
그리도 먼 섬이었고
마당 끝에 앉아보면
저녁노을도 짙었는데

철썩이는 파도에 덮힌 날
나 다시 찾아 가련다
그 노을에 꿈 묻으러
그날 찾아 가련다

추억의 냇가

고향 냇가에는
잡을 것이 많다
봇물 도랑 물꼬 앞
크고 작은 송사리

오르며 돌 들추면
미꾸라지 버들치
맑은 물 들여다보며
다슬기 줍고

깊은 곳은 어른의 몫
뱀장어 메기 민물게
우리들은 물풀 뒤적이며
쳇바퀴 흔들어댄다

고향 꽃

들로 산으로 냇둑의 그 꽃들
고향의 꽃을 어찌 잊을까
발에 차여 귀찮어했던 꽃
넝쿨 잡초에 관심 없던 꽃

시절의 일터가 귀찮어 했나
하루 해가 짧아 관심 없었나
아련히 꽃에게 미안한 마음
추억의 꽃으로 다시 피어난다

산골 소녀

진달래는 아는데
찔레꽃 모르고
개나리꽃 없은 머리
수줍게 자랑한다

바구니에 달래 냉이
마루 끝에 놓던 날
찔레순 꺾던 곳 찾아
그 찔레꽃 바라본다

인생의 노을

나
여기에 이곳
어디로 가야 하나

둘
없는 이 한길
또 저무는 산마루

나
가야 하는 곳
어디로 가야 하나

뽕나무 그늘

뒷산 기슭 밤꽃 향기
오디 따라 가던 날
다랑논 벼포기에
뜸북새 숨어 울고

우리들 딸기 찾아
넝쿨 숲 뒤적이면
메아리에 뻐꾹새 울음
더 멀리 멀어져간다

적막의 이 골짜기
누가 다시 찾아 올까
오디 잃은 뽕나무
우리들 기다린다

그믐 인생

나
아무 것도 가진 것이 없다 하니

나
아는 이 그 친구 아무도 없더라

나
소문난 천한 직업이라 하니

나
하나놓고 흉도 많더라

나
알면 흉이 될까
연락을 끊더니

나
모르게 두 입 건너 내 소식 전해 듣고
나에게 연락을 끊어 달라 하더라

나
지나다닐 때 한 번쯤
보았을 법도 한데

나
다니는 길 내가 못 보았는지
지나는 길 돌뿌리에 발만 차이더라

나
나 여기에 머물러야 하나
아니면 구름 따라
이 고향을 떠야 하나

나
나 하나 여기 이곳 보이지 않게 떠나면
모든 이웃 웃음이 절로 나오고
그 사람들 마음이 편안 할 것인데

나
나도 사람 모든 이웃들도

다 같은 사람이 것만
무엇이 사람을 이렇게 만드나

나
나 오늘 밤 밤하늘에 굳히는 마음
나 어릴 때 찾았던 별 몇개나 찾을까
구름이 가리지 않길 하늘에 빈다

냇가 길

딛을까
건너 뛸까
삐뚤은 돌 이리저리
넘어지면 어떻게 하나

어릴 적 그 생각
딛은 발 움추러들고
건너 뛴 돌 미끄러워
그때 처럼 넘어졌다

그래도
추억의 웃음
빠진 신발 젖은 옷깃
나 저 들꽃 어떻게 바라보나

어머니의 뽕밭

등에 업혀 우는 아이
배고파 칭얼대나
간밤에 소쩍새
그렇게 울더니
먼 산 뻐꾹새 울음
멎지 않는구나

운명의 부채 바람
귀 얇아지는 마음
내 아이 두고
이 몸 어딜 가겠나
간난아이 데리고 가면
누가 좋다 할 것이고

가끔 들리는 방물장수의
좋다 하는 그 홀아비자리
그 집 아이들의 시기 질투에
천덕꾸러기 될 내 아이
접힐 듯 접히지 않는 마음
이 뽕밭 하루만 저무는구나

섬 바람

불어오는 바람
옷깃에 스며들고
닿은 파도 철썩이며
옛날을 휩쓴다

부딪쳐 부서진
하얀 날의 약속인가
밀려와 겹쳐지는
그날의 파도인가

먼 갈매기 울음만
아름다운날의 미움인 듯
던져보는 조약돌
파도가 덮는다

유월의 적막

냇둑 길 접어드는
유월의 파란 들녘
논길 따라 걷는 길
뜸북새 숨어 울고
한 나절 기울도록
뻐꾹새 안 떠난다

적막의 이 들녘 길
논 밑 물꼬 물소리
휘젓는 송사리 떼
무엇을 찾으려나
풀숲의 메꽃 송이
접힐 듯 접혀진다

편지의 바다

부딪친 파도는
부서져야 하는가
하얀 날의 그날처럼
물거품 꽃피우고

백사장 그 발자욱은
그렇게 지우면서
얼룩진 이 편지는
왜 그리 못 지우는지

밀려오는 파도마다
미련의 파도였나
소라 조개 껍데기의
잊을 수 없는 파도였나

그리워 바라보는
지난날 약속의 섬
젖어드는 노을빛에
눈시울만 뜨거워진다

고향의 노을

기울어진 오뉴월
덥다 하는 칠 팔월
이 여름 돌아오면
얼마나 더 더울까
뒷결 문밖 샛바람
살랑살랑 불것이고

텃밭에 옥수수
찌는호박 참외 수박
옥수수 무럭무럭
청개구리 우는소리
댑싸리 위 베짱이
그 노을 기다린다

고향 바람

옛날은 그 바람이어도
그렇게 시원한데
지금은 부쳐도
오히려 더 더우니
그 바람 다 다 어디 갔나

검둥개 혀 내미는
살짝이 문간 바람
툇마루 밖 옥수수잎
세월 젓는 샛바람
든 부채에 하품 나와

샘 물독 물 떠다
한 모금 마시고나면
기다린 저녁 나절
화둑 연기 젓던 바람
그 바람 다 다 어디 갔나

시간의 강

오늘을 잃는 마음
어떻게 지내셨나요

시간이 모은 하루
그 시간이 길던가요

가야 하는 인생 길
하루 해가 갉는 시간

주름에 고인 세월
잃은 시간이 모았다

추억의 길

나설까 말까
망설임에 닫는 길
어느 곳을 찾을지
그 곳도 이 곳도
모두 가고 싶것만
그래도 처음의
그 길로 딛어진다

찾아가 찾으면
어떻게 되었을까
쌓은 돌탑 묻은 약속
노을은 그 노을
그대로일 것 같고
추억만 부끄러워
돌아서 가자 한다

미련의 길

설레임에 오른 차 안
안내 방송 시작 되고
곧 떠날 듯 움적움적
마음 더 설레인다

찾아갈 희미한 곳
그 처음 설레임인가
둘이 갔던 여행 길
얼마나 변했을까

몇십 년 전 그 처음
설레임의 길
흐린 모습 떠올리며
옛날을 찾는다

아가의 별

마당 끝 밤하늘
북두칠성 찾는 밤
유화등 가물가물
아가 꿈 모으고
반딧불 이리저리
우리들 꿈 모은다

은하수 저 멀리
아가 별 찾는 밤
어느 것이 아가의 별
내 별은 어디에 있나
댑싸리 너머 옥수수잎
이슬에 젖는다